光尘
LUXOPUS

我有点儿胆怯，
但想和你好好说话

［韩］朴宰莲（박재연） 著

［韩］朴圣惠（박성혜） 绘

张梦蕊 译

人民邮电出版社

北京

图书在版编目（CIP）数据

我有点儿胆怯，但想和你好好说话 ／（韩）朴宰莲著；（韩）朴圣惠绘；张梦蕊译. -- 北京：人民邮电出版社，2022.10
ISBN 978-7-115-59967-4

Ⅰ．①我… Ⅱ．①朴… ②朴… ③张… Ⅲ．①人际关系学－通俗读物 Ⅳ．①C912.11-49

中国版本图书馆CIP数据核字(2022)第162885号

◆ 著　　　　[韩]朴宰莲
　 绘　　　　[韩]朴圣惠
　 译　　　　张梦蕊

　 责任编辑　郑　婷
　 责任印制　陈　犇

◆ 人民邮电出版社出版发行　　北京市丰台区成寿寺路 11 号
　 邮编 100164　　电子邮件 315@ptpress.com.cn
　 网址 https://www.ptpress.com.cn
　 文畅阁印刷有限公司印刷

◆ 开本：880×1230　1/32
　 印张：7　　　　　　　　　　　　2022 年 10 月第 1 版
　 字数：123 千字　　　　　　　　2022 年 10 月河北第 1 次印刷
　 著作权合同登记号　图字：01-2022-4464 号

定价：59. 80 元
读者服务热线：（010）81055671　印装质量热线：（010）81055316
反盗版热线：（010）81055315
广告经营许可证：京东市监广登字 20170147 号

治愈关系的沟通

你曾因被他人误解而默默哭泣吗？你曾想大声宣泄内心的愤懑吗？你曾强忍委屈和眼泪，咽下挫败的苦水吗？

我想要拥有改变人际关系的超能力，也想要找到能战胜对手的常胜秘籍。曾经我以为，制胜的关键在于"话术"，如今我才明白，良好的人际关系需要真心，而非技巧。

有人可能会问："我们为何要学习沟通技巧呢？"我会认真地回答："因为沟通中藏着一种诀窍，学会有效沟通，哪怕我们不再试图改变或战胜对方，也能收获幸福和快乐。"

沟通中蕴藏着一种智慧，能够让我们改变看待他人的心态，尝试理解他人，鼓起勇气化解此刻的不愉快，促使双方一起努力寻找达成共识、两全其美的解决方法。

如果你想成为一个善于沟通的人，需要记住以下两点：

其一，人的生命是有限的，我们不知何时就会离开这个世界。人生是道减法题，过一天就会少一天。

早上，你对挚爱的家人说了一句狠话，这句话就有可能是他今生听到的最后一句话。只有记住这一点，我们才能明白何为人生之重，才知道应如何去表达和倾听。

其二，要相信我们能够选择自己的言行。当听到对方说"今天好累啊"，我们应该能想到"看来今天他和我一样疲惫，我们都需要好好休息"。

如果我们都能静下心来，凝神思考一番后再做出反应，简单的沟通也会使人际关系大有不同。

请专注于自己的内心，以一颗好奇心看待当前的情况，静下心来深呼吸，多多练习控制自己的言行吧！

大象有一双大耳朵，以便能更好地倾听。但大象的嘴巴却很少被注意到，它们只有在重要时刻才会开口表达内心的情绪。

大象是群居动物，会一起养育弱小的幼崽。我们也试试像大象一样，一起去关怀需要被安慰和理解的人吧。

不要指责，不要中伤，试着让爱与尊重成为人际关系的主题。慢慢来，别着急。

我的决心书
························

沟通练习目标

"通过阅读此书，我想要建立

＿＿＿＿＿的人际关系，

这对我人生的意义是：

＿＿＿＿＿＿＿＿＿＿＿＿＿"

第二章　如何洞察彼此的内心 · 64

他真正的想法是什么？我内心的渴求是什么？我以为的是他真正所想、我真正所要吗？健康的沟通建立在正确理解对方的诉求，以及理解自我之上。有时充分理解的沟通可以使我们即使相视无言，也能心领神会。

第三章　如何倾听与自我保护 · 96

好的沟通不是自说自话，而是放下自己的一切想法，带着好奇心去倾听对方的故事，观察并倾听对方表达的内心需求。同时，我们也要学会自我保护，弄清楚自己能控制什么和不能控制什么，是自我保护的起点。

当听到他人的话或目睹他人的行为时，

请在原地停下来，静下心深呼吸几次。

如果能带着好奇心去思考他人言语或行为背后的意图，

并能用不同于以往的方式沟通，

就能建立起我们所憧憬的人际关系。

◇◇

第一章

为什么我们
害怕沟通

我们为什么害怕沟通？我们内心有一个声音，它暗中诱导我们：要活得小心、不要相信任何人、你很懦弱、别人对你的看法很重要、不要在意自己的诉求、没有人喜欢我……唯有跳出自动思维，才能开启沟通之门。

◇◇

沟通失败的原因

不是因为"性格",而是因为"想法"。

"我再也不理你了。"你有因为这句话与他人反目、形同陌路的经历吗?这样伤人的话会使关系破裂,令人追悔莫及。

"多亏了你,我心情好多了,而且知道接下来该怎么做了。"这样的话则会拉近人们之间的关系,令人感到幸福、充实。

其实两句话的差异只源于一瞬间的想法。

当事情不如意时,我们往往会指责他人或埋怨自己。我们想要结束这段不愉快的关系,却因自责而备感委屈。

你想成为一个善于沟通的人吗?那么,请稍微转换一下思路。

若你想要改善人际关系，就要转变沟通模式，请记住："下意识脱口而出的话"（自动思维）会导致沟通失败。一味地埋怨他人，并不能提高沟通能力、改善人际关系。只有转变思维模式，才有可能变得更好。

自动思维会使沟通失败，还可能使双方的关系渐行渐远。

自动思维有六种表达方式：

- 判断
- 指责
- 强迫或威胁
- 比较
- 视为理所应当
- 自我合理化

判断 指责

强迫或威胁　　　　　　　比较　　　　　　　　视为理所应当

自我合理化

1. 判断

"他不尊重我！"
"他是个很热情的人。"

诸如此类的判断会因"个人思维框架"的不同而不同，是由我们自身的某种"信念"决定的。

人们会用自己的标准来解读他人的言行，判断他人的人品。人人都有独特的判断是非对错的个人标准，由于生活环境和成长经历不同，判断标准也大相径庭。

这些判断可能是正面的，也可能是负面的，而负面的判断有可能会引发指责。

2. 指责

"你这个混蛋！"

指责是判断的一种形式，并且其中掺杂了负面的解读，包含"错在对方"之意。

由于这种判断方式以"责不在我，错在对方"为前提，认为对方理应受到指责，因此就心安理得地为对方贴上了负面标签。而当我们把问题归因于他人时，就会不由自主地说出伤人的话。

3. 强迫与威胁

"识相的话就按我说的做！"
"委屈也要忍着，只有这样才能活下去。"

强迫或威胁是指不惜使用暴力、武力或利用对方的恐惧操纵他人。为了使他人按照自己的意愿行事，不惜使其陷入失去或受伤的恐惧中。

当人们认为这种行为是对的时，就会不自觉地说出强迫他人的话，这也是强者操控弱者时的惯用话术。

他们不觉得这是一种暴力的沟通方式，为了得到自己想要的结果，他们无情地挥动着手中的"利刃"。

4.比较

"看看人家，你还不知道自己是什么德行吗？"
"别人都不这样，怎么只有你这样？"

比较是指当他人的言行不合自己心意时，为了迫使对方改正，不惜说出伤人自尊的话。

这些话会让听者产生负罪感和羞耻心，从而按照说话的人的意愿去改正。常听这样的话不利于积极的自我认知的形成。

5. 视为理所应当

"这不是你该做的吗?"
"我这么笨,不被重视也是应该的。"

视为理所应当是指强制他人或自己默认某件事是理所应当的,但判断标准却极其主观。说话的人从自身主观的思维框架与判断标准出发,令对方或自己感到自责和内疚。

换句话说,这种沟通方式中通常含有"哪有什么为什么,事情本应如此"和"这没办法解释,别来问我了"的意思。

6. 自我合理化

"因为你做错了，所以我才批评你。"
"如果你做得好，我就不会生气了。"

自我合理化是指出现问题时不但不进行自我反省，还把所有问题都归咎于他人的沟通方式，无法合理地表达出内心的愧疚，反倒出言中伤他人。比如："没办法，是你先惹我生气的。"

为了摆脱烦闷的心情，人们会将自己不当的言行都归咎于当前的情形或他人。虽然不知道这种沟通方式能否让说话的人心情变好，但毫无疑问的是，听者会因此受到深深的伤害。

有时候，自动思维会影响情绪和行为。

你的情绪和行为会随着你的想法而改变，你的沟通方式也会随之改变。

让我们来看看不同的自动思维对情绪造成的影响：

- 我不是一个称职的爸爸/妈妈。

  情绪：自责、不安。
- 我是个废物。

  情绪：无奈、委屈。

不同的自动思维还会影响行为：

- "你是在无视我吗？"

  行为：背后说对方坏话或直接与对方发生冲突。

- "这次考试肯定要考砸了。"

  行为：不去考试或根本不复习。

- "演讲也做不好，我真是一无是处。"

  行为：大脑一片空白，什么都做不了。

自动思维对我们的言行和情绪有很大影响，可能会导致我
们攻击他人，同时也会令自己痛苦不堪，甚至引发悲剧。
因此，人们都想要避免这种自动思维的产生，却往往终其
一生也无法如愿。

请记住，健康的沟通方式不是让我们停止消极的想法，也
不是努力保持积极的想法，而是无论我们的思维模式是否
积极，都要"好好辨别内心的自动思维"。

自动思维源于认知歪曲

前文已经探讨过，判断、指责、强迫或威胁、比较、视为理所应当和自我合理化这六种与自动思维有关的表达方式会阻碍正常的沟通。

而认知歪曲则是自动思维产生的源泉。认知歪曲是指由于人们不同的经历和学习过程而形成的被扭曲的想法。

我们的脑海中充斥着很多想法，其中有些想法令人痛苦不堪。这是因为自动思维中有许多误区，有些主观的判断和想法其实严重背离事实。

隆冬季节，有人站在溜冰场前会想：在这里摔一跤会受重伤吧？而有的人会想："嗖"的一下溜过去，该有多爽啊！

面对同样的场景，为何不同的人会产生不同的想法呢？

这是因为人们的生活经历不同，从不同的经历中学到的道理也不尽相同。这并不是要论谁是谁非，不同的人想法不同也是很正常的。只是在与人沟通时，某些想法可能会被扭曲。这在心理学上被称为认知歪曲。

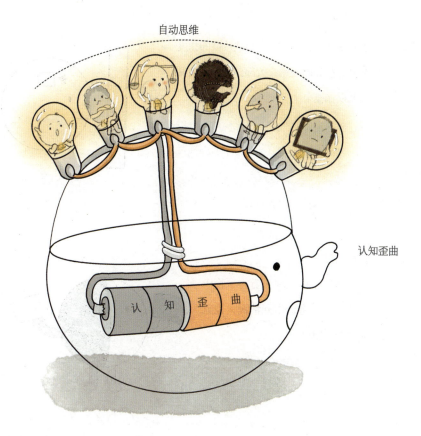

自动思维

认知歪曲

心理学家亚伦·贝克将产生自动思维的认知歪曲划分成 11 个等级。人们越是深陷这些思维误区，就越难与他人实现顺畅的沟通，建立良好的人际关系。

下面简单介绍一下这 11 种歪曲的认知方式。

1. 以偏概全

面对诸多信息时，往往会从片面的角度来判断整体的问题，大部分认知歪曲都涉及以偏概全。

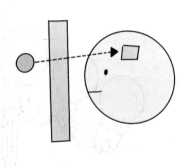

例：领导说："你的报告体系完整，分析透彻，要是能再完善一下方向性就更好了。"你的想法：这是说我的报告写得根本不怎么样啊。

2. 极端思维

这种认知歪曲表现为看待事物十分极端，不考虑中立情况，也就是"非黑即白"。

例：不得第一就没有意义。

3. 过度泛化

仅凭偶然经验就得出一般性的结论，并将此结论应用在许多与之无关的情况中。

例：嗓门大的人都很自私。

4. 预测未来

未经确认就急于下结论。

例：他看见消息了，但故意不回复。

5. 过分夸大或过分贬低

脱离事实，过分夸大或贬低事情的意义和重要性。

例：过分贬低——书能畅销全是靠运气。

过分夸大——别人都说我有领导力，我一定能成功。

6. 情感推理

在无事实依据的情况下，仅凭感性判断就下结论。

例：我对不起孩子们，我不是个好妈妈。

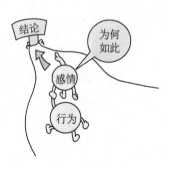

7. "应该……"

通过使用"你应该……""一定要……"等表达方式强制对方做某事，并限制对方自由发散思维。

例：作为子女，你一定要听父母的话，这件事没有商量的余地。

8. 贴标签

用极端的、不恰当的表达方式来抨击他人人格。

例：你简直一无是处，是个失败者。

9. 个人化

错把与自己无关的事情揽到自己身上。

例：他们是不是在取笑我啊？

我很可笑吗？

10. 灾难化

一味地预想事情发展的最坏结果。

例：我没有爱人，可能这辈子就这样
孤独终老了。

11. 读心术

不询问他人的想法，随意猜测并做出判断。

例：你现在是不是难过，我一看你这表情就知道了。

我早就知道了。

根深蒂固的核心信念

认知歪曲是催生自动思维的源泉，核心信念则是对"我""世界"和"未来"进行判定的、固化的信念集合。认知歪曲在一个人长时间的生活和学习中不断被强化和巩固，逐渐变得根深蒂固。

核心信念则是"我"身份的映射，即便有时可能反映的并非真正的"我"。这些信念与自己处理问题的方式相结合，就形成了人的"性格"。

如果说自动思维引发的沟通是人们不同意识的映射，那么核心信念则是深深扎根于人们心底的、内化的观念的集合。它是一种潜意识，深深影响着我们做决策的方式和人际交往的方式。

有时，我们也不理解自己的心情和想法；有时，即便我们
想要采取积极的方式思考，却也无能为力；有时，我们会
无端地憎恨或怀疑他人，甚至在没有确凿证据的情况下，
认为别人在轻视或利用自己；有时，我们不明白自己为什
么会产生某种想法、说出某句话、做出某种行为……这一
切都是难以言喻的，并且都与我们内心深处根深蒂固的信
念有关。

扭曲的核心信念会阻碍正常的沟通，破坏人际关系。

我们时常会觉得自己是个纠结的人，并认为他人也会觉得自己说的话别扭。即使我们本身没有恶意，但仍然会出现被误解的情况，或很难与他人建立亲密关系。

那么，究竟为什么我们会害怕与他人交往？

这是因为我们的内心已经形成了一个孤立的循环结构，被扭曲的信念就在其中运行。它暗中诱导着人们：活得小心点；不要相信任何人；爱情一文不值；在被别人利用前，先去利用别人；不要轻易吐露自己的真心；你很懦弱、别人对你的看法很重要，所以不要在意自己的诉求；不要原谅他；一定要报仇；没有人喜欢我；我是个废物……

这些信念牢牢地扎根于我们的内心深处，根深蒂固。就像对一个戴了红色镜片的人，你无论如何强调"这里色彩斑斓"，他都不会相信。但如果我们一直这样固守核心信念生活，就只能用僵化的视角去看待世界、看待自己、看待他人，以及判定自己的未来。

当事情进展不顺时，也是内心孤立的循环结构在作祟。

当我们戴着有色眼镜去看待世界时，内心就会形成一种孤立的循环结构，而被扭曲的信念在其中运行，促使我们总是思考事情发展的最坏结果。举个例子来说：

○ **出现状况**

"我去相亲了，但回来之后相亲对象却没有再联系我。"

○ **自动思维**

"这种情况出现已经不是一两次了，我本来就是不好相处的人，谁会喜欢我呢？"

○ **身体感知与情感认知**

身体感知——浑身无力，流下眼泪。

情感认知——忧郁，悲伤。

○ **安全行为**

逃避——"我再也不去相亲了，不要再给我介绍了。"

○ **心理现实化**

社会自我——"我孤身一人。"

社会关系——"大家都不喜欢我。"

○ 被扭曲的核心信念

　"没有人喜欢我，没有人会联系我。"

　事实上没有意识到自己在逃避见面本身。

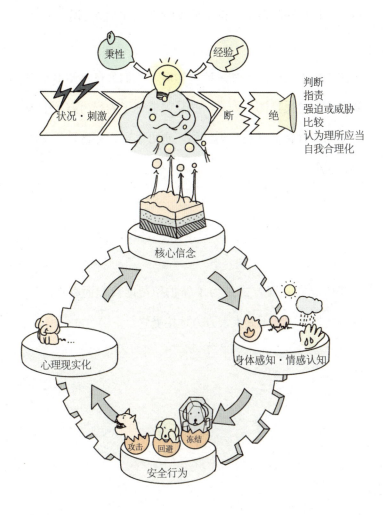

核心信念会对人际关系和沟通产生关键影响。

每个人的性格中都有好的一面和不好的一面。人们总是觉得改正性格缺陷很难，也就是我们常说的本性难移。

当生活中发生一些不如意的事情时，我们会在不知不觉中暴露出自身反常的一面。一些从习惯化了的行为方式中表现出的人格特征就被称为性格。也可以说，性格是信念的外在表现。

那么，信念是不好的东西吗？当然不是。

这些信念和处理方式是为了保护和帮助我们而存在。所以，与其摆脱，不如大大方方地接受它。

想想看，攻击他人是自我保护的一种方式，逃避也是。而偶尔向他人妥协，则是为了守护双方的关系。因此，我们生命中的每一刻、我们与人沟通和交流的每种方式都值得被接纳，而不是被指责。

但是现在，我们需要寻找比逃避、争吵、妥协更加健康的沟通方式。

核心信念会直接影响沟通，而沟通则直接决定人际关系。所以从现在开始，在学习沟通技巧的同时，请试着去理解那些根深蒂固的信念，用温暖的方式去融化它们，去发现自身的变化。

首先，我们需要好好审视一下自己的核心信念。在事情变得更糟糕之前，尝试摆脱内心中孤立的循环结构。所以，请不要一味地否定自己，让我们互相关怀，携手找到对彼此都有利的方式。在练习沟通的过程中，我们的性格会慢慢发生变化，言行也会随之改变，从而走上截然不同的人生之路。

第一个要点是，从"知道"我们内心有哪些信念开始，寻找我们拥有的各种核心信念。

沟通具有强大的治愈能力。

它能转变我们内心的固有信念，让我们自觉地意识到心中的偏见，从而帮助我们摒弃偏见，用纯粹的视角去观察事物本来的样子。如此一来，我们才能看到事物和人本身的多姿多彩。

我们儿时形成并固化的信念在短时间内难以消失，我们要充分了解自己的信念，慢慢改正，使其逐渐转变。

"啊，原来我的核心信念是这样的。""原来我一直抱着这样的想法在生活。"在了解了这些之后，你可能会因此悲伤地哭泣，也可能会心痛或感到愤懑。

那么，我们为什么要改正不健康的、被扭曲的核心信念呢？不是为了解读和改变他人，而是为了接纳自己，并理解人与人之间的差异。每个人的人生经历不同，学到的道理不同，由此形成的信念也截然不同。

大部分人都拥有不同程度的被扭曲的信念，它们不断地从内心释放信号。当我们听到这些信号时，就可能会口不择言地说出一些伤人的话。

在倾听这些信号的同时，我们还需要找到一种方法来打造和谐的人际关系，重新接收积极的信号，并用适当的言语来表达。要想以平和的心态坚定地过滤掉内心消极的信号，我们需要重新学习由积极信号所主导的沟通。

可见，沟通不仅是一种改善与他人关系的技巧，也是治愈我们内心的良药。

让我们来做些小练习，试着找到自己内心的核心信念，并发掘内心的积极信号吧！

1. 被抛弃

"最后我会沦落到孤苦伶仃的境地，身边的人都会离我而去，为了避免被抛弃，我应该先选择离开。否则，到时我会更难过。或者为了不沦落到独自一人的地步，我现在应该更努力地迁就别人。"

持有这种信念的人极易受伤，很难保持心情的平和。他们认为，无论自己多么努力，还是有可能被抛弃或被拒绝。

重要的是，我们需要知道，拒绝并不等同于否定。被拒绝是所有人都会经历的正常体验。

事实上，人生本就是由无数次的相遇和离别组成的。虽然被人拒绝后的心情很不舒服，但我们可以自己消化悲伤，并选择潇洒放手。

最终，通过练习，我们会理解并接纳自己内心的孤独和不安，试着去打造积极的人际关系。

小时候被抛弃已经成为过去。我们的心里，既住着脆弱、易受伤的孩子，也住着能够好好保护自己的、坚强的大人。

2. 不信任

"我无法相信任何人。人们常常认为别人是愚蠢的，为了一己私欲而利用他人。如果不想被人利用，我需要时刻保持警惕，打起精神来。"

怀有这种信念的人，情绪总是很不稳定。因为他们时刻想要判断事情的真假，但这是不可能实现的，所以当他们无法辨别事情的真假时，就会感到无比焦虑。

如果我们无法信任他人，便无法建立起真诚的人际关系。被这种信念束缚的人需要首先认识到，自己所遭受的冷落和被利用，只是你和"当时那个人"的关系而已。如果你因为害怕被别人欺负而变得惶惶不安，你就需要重新学习沟通的技巧。

正如世界有黑暗，也有光明一样，有不值得信任的人，自然也有值得信任的人。

请相信他人微小的善意，看到他人善意的微笑，也请心怀感激地接纳。请对你珍视的人说一句"我相信你"，也请对信任你的人说一声"谢谢你相信我"。

如此一来，生活中的信任才会日积月累，形成坚固的人际关系。

我们需要多多练习，区分不信任和信任，保持清醒的头脑。

3. 自怨自艾

"没有人爱我，我的心愿不会实现了。人们都不理解我想要什么，没有人需要我。"

怀有这种信念的人，希望别人可以自觉地满足他们的愿望，却从不明说，归根结底是因为不会与他人沟通。内心渴望被爱和理解，却不会用言行来表达，最终导致心愿落空，一无所获。

这种信念使我们难以体验到与他人的亲密关系。但如此一来，这种信念反而会变得更加坚固，由此形成恶性循环。

如果你深受情感剥夺的困扰，请在日常生活中，即使只是面对小事时，也要常说"没事的"，要好好爱自己。与其默默渴求别人为自己付出，不如努力去满足自己的需要。你要记住，即使他人满足不了你的诉求，我们也有能力实现自我满足。

4. 缺陷感

"我有问题，人们知道我真实的样子后，都会讨厌我的。我就是个垃圾。"

当怀有这种信念的人听到别人说"你真是个好人"时，会觉得不适。因为他们对自己的认知与别人对他们的评价往往相背离，所以容易引起认知上的偏差。

怀有这种信念的人往往会感到自卑，喜欢与他人做比较，在说话时常用"比起……"，他们喜欢与比自己看起来更优秀的人比较，从而判定自己无能。这种信念非常可怕，它会让人无法接受自己。

请每天都夸一夸自己，无论是做好了多么小的事情。有时有人会质疑：这么点小事，人人都能做，有什么好夸的啊？但此时，你需要坚定地对自己说："我本来就是很有价值的人！"

比起成为完美的人，更重要的是要相信，无论你是什么样子，都值得被爱。

5. 社会孤立感

"我好像游离在尘世之外，我和在场的所有人都不合拍，像水和油一样，互不相溶。"

社会孤立感不同于尴尬，持有这种信念的人在团体中常感到不合群，就像穿着不合脚的鞋子走路一样不适。

这种信念是对个人与周围群体间关系的感知，它会限制个人在群体中的行为，使人感到被孤立，仿佛置身于孤岛一样。

即使怀有这种信念，我们仍能和他人构建一种看似健康的人际关系，但当你猛然发觉自己在某个团体、社区或组织中被孤立、漫无目的地四处"漂泊"时，你会特别渴望归属感。

此时，与其去改变自己的信念，不如先深入思考自己到底想要什么，并为实现心中所愿付出努力，哪怕是很微小的努力。

如果你总是觉得自己不合群，可以尝试在群体中扮演哪怕是很小的角色，或多向身边人寻求帮助，多多尝试，你会自然而然地融入其中。

6. 依赖

"我自己一个人什么都做不了。你要是在我身边就好了，帮帮我吧。"

怀有这种信念的人会觉得自己仿佛置身于残忍的角斗场，却无武器傍身。当独自一人面对突发状况时，他们会感到恐惧和不安。从小被过度保护、从未自己独立做过什么的孩子和完全被"放养"长大的孩子都容易出现这种心理。

冒险和挑战会成为他们生活中的障碍，这种心理会束缚住他们的手脚，使之不敢独闯广阔天地。

你可以尝试着写下日常生活中必须独自完成的小事情。从最容易的事情开始，靠一己之力完成。这并非要求你勉强做到能力范围之外的事，而是让你通过锻炼自己做力所能及的事情，确认自己的能力范围，从而培养自信心。

7. 脆弱

"我总觉得会有不好的事情发生。你永远不知道什么时候危险或灾难会袭来，所以必须时刻保持紧张和小心。"

如果你在高度焦虑的父母的陪伴下长大，你会把所有的精力都花在保护自己，而不是培养日常兴趣上。

并非所有脆弱都会造成恐慌，但恐慌这种情绪却主要是由脆弱引起的。这些经历会限制人际关系的发展，你总是想要保护周围人的安全，所以会时不时地限制他们的自由，并且总在不知不觉中对他们说："别这样做！你要当心！"

如果怀有这样的信念，你需要不断地练习，告诉自己"我
此时此刻是安全的"，并可以在日常生活中尝试练习冥想。
安静地闭上眼睛，做五六次缓慢的深呼吸，也会对你有所
帮助。

此外，如果你身边也有这样的人，你应该理解并帮助他
们。请握住他们的手，笑着安慰一句："今天很顺利，明天
也会很好的。"

8. 挫败感

"反正最终都会失败，无论如何都不会成功，那这一切努力又有什么意义呢？"

怀有这种信念的人，会将很小的失误都视为严重的失败，甚至有时还会故意不拼尽全力去做某事而使事情失败。他们会将对自身失误的消极评价，比如愚蠢，看作自己的个人标签。

怀有这种信念的人，即使能力已经得到了外界的认可，也会做一些低于自身能力的事，或者干脆做一些与自己擅长的毫不相干的事。

要知道，成功的反义词不是失败，而是放弃。即使只是做成了一件小事，也请以热烈的掌声来庆祝吧！生活本就不是多么了不起的大事，而是日常小事的集合。

9. 消极心态

"世界处处是麻烦，人生就是一连串的问题和烦恼。"

怀有这种信念的人认为，即使目前事情进展顺利，坏事稍后也会如期而至。

他们悲观地认为，好运是偶然，厄运才是必然。强烈的悲观和消极心态促使他们在事情开始之前就会考虑最坏的情况，这样他们才会安心。在别人眼里，他们看起来总是愁眉苦脸，遇事消极。如果父母是消极的人，孩子也会受到很大的影响。

为了让共事的朋友们不会受到我们坏情绪的影响，为了让我们自己变得更快乐，我们需要学着去庆祝小事的成功，并相信成功是我们努力工作的结果，而并非偶然。

即使只是面对一件小事，也要常说"我很高兴""一切都很顺利""一切都会好起来的"。另外，当遇到问题时，不要深陷其中无法自拔，而要多多发现进展顺利的方面，保持心态上的平和。

10. 优越感

"我和别人不一样。我是例外，我是不同寻常的。"

那些优越感爆棚的人，从不考虑他人的立场和感受，他们自私的言行可能会使周围的人苦不堪言。

他们认为自己做事时无须经过努力或正当的程序，无须考虑手段和方法的合理性，他们无视他人，一味地展现自己的优越性，从而与生活脱轨，使自己变得孤独。由于他们开口说出的话本身就充满特权的味道，因此人们听了只想远离，并不想与其交谈。

怀有这种信念的人，应该考虑一下自身行为的最坏结果，权衡一下不惜承受恶果也要按照这种信念来采取行动是否值得。最重要的是，我们要明白，世界上所有人都同样有价值，都有权得到尊重，每个人都是独一无二的存在。

11. 屈服

"你想怎么做就怎么做，我没事，你不用管我。"

你是否不好意思说出自己想要的东西，甚至觉得吃亏会让你更加心安理得？

如果是这样，请你先停一下。你如果认为有欲望是错误的，或者害怕说出想要的东西后会被惩罚，背后的原因很有可能是在你孩提时期有过屈从于父母或监护人的经历，或者每当你做出让步时，都会被人用"做得好""善良"等字眼操纵。

如果有那么一刻，你不再觉得幸福，就不要再为了所谓的
"善良"而屡屡让步了。因为这种善良不仅会使你变得不
幸福，还会助长他人的权威和暴力。

12. 情感抑制

"表达感受是不对的，我们必须要理性地去解决问题。"

怀有这种信念的人总是担心自己会因深陷情感旋涡而控制不住自己的行为，觉得即使能够认识到自己的情感并表达出来，问题也不会得到解决，因此拒绝表达情感。

他们相信，如果不想坏事，就要抑制自己的情感，不要随意表达内心的想法。这样的人可能从小在一个限制言论自由的家庭中长大，小时候在表达完自己的想法过后，比起支持，听到的更多的是唠叨和批评，他们的内心极有可能有一团火正在熊熊燃烧。怀有这种信念的人不仅不擅长表达，在倾听对方的感受时也会觉得不安且尴尬。

当看到四季的变迁时，你有什么感受？下雨的时候你有什么感受？飘雪的时候你有什么感受？想到父母时，你有什么感受？你此时此刻有什么感受？请从你的词库中找到合适的形容词。日常生活中的一点点努力也会让迟钝的情感变得敏感，认真感受自己的情绪变化，告诉你自己——"我还活着"。

13. 严苛的标准

"我还差得远呢！这还远远不够，我必须做得更加完美，做到最好。人只有在实现了目标后才会快乐。"

请仔细回想，是否无论别人怎么看待你，你还是会觉得自己不够优秀？小时候父母的爱是有条件的，或是对失败的经历过于刻骨铭心的人，都容易产生这种信念。

这种信念阻碍了我们形成健康的自我认知。如果你一直要求自己必须做到十全十美，必须在竞争中取胜，必须坐拥金钱与社会地位，那么你极有可能被这种信念困扰。如果这种信念很强烈，我们与他人的沟通也会因此受到阻碍。

我们需要对自己和他人都宽容一些。请试试说"已经做得够好了""让我们中途休息一下吧""今天什么也不干，就好好休息一下吧"，不要只追求实现目标后的成就感，而要专注当下，抓住眼前的幸福。

14. 惩罚感

"如果你做错了，就必须受到惩罚。你必须补偿他们。"

怀有这种信念的人，往往缺乏谅解、宽容和慷慨。他们不仅将这种残酷用于自己，还会以同样的标准衡量他人和看待社会现象，根本不会考虑、理解和体谅他人。

从小在严厉的父母陪伴下长大的孩子，往往秉持着这种强烈的信念。越是没有经历过宽恕、理解与和解的人，越是受过伤害且没有得到过补偿的人，往往越怀有强烈的惩罚感。他们常常会自责，并认为受惩罚是天经地义的一件事。

然而，我们真正需要的不是惩罚，而是一种对自身行为负责的态度。我们需要互相理解和宽慰。

请试着理解家人在日常生活中的过错，请试着用宽恕的心倾听他人的道歉。要知道，当错误被谅解时，他人会留下更深刻的印象，更有利于他们改正。

自动思维、认知歪曲与核心信念

人们内心的核心信念是人际关系和沟通的陷阱，当我们在生活中受到刺激时，多以冲动的言行显露出来。它使我们无法客观地看待事物的本貌，并阻碍我们观察他人的言行，最终使自动思维变得更加根深蒂固，让我们在与他人的关系中感到孤立无援。

当遇到不如意的事情时，我们往往会听从内心的自动思维，习惯性、主观性地去解读并采取行动。

由于人们的经历、通过经历学到的道理，以及与生俱来的秉性不同，因此每个人的自动思维也不尽相同。而认知歪曲催生了自动思维，它是使自动思维不断强化的原动力。如果这些经历不断循环往复，即使只有一次给我们留下了足够深刻的印象，它也会在我们的内心扎根，形成固化的信念。

这些信念与不同的应对方式（如战斗、投降、回避等）相结合，形成一种固定的生存方式，这些方式演变成性格，而我们正是在此基础上展开沟通和人际交往的。

如果你已经大致了解了各种概念的关系，那我们就开始一起练习沟通吧！

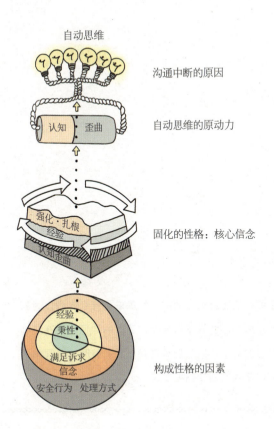

自动思维

沟通中断的原因

自动思维的原动力

固化的性格：核心信念

构成性格的因素

第二章

◇◇

如何洞察彼此
的内心

他真正的想法是什么？我内心的渴求是什么？我以为的
是他真正所想、我真正所要吗？健康的沟通建立在正确
理解对方的诉求，以及理解自我之上。有时充分理解的
沟通可以使我们即使相视无言，也能心领神会。

◇◇

观察与自动思维

准备好了吗？

从现在开始，不要再压抑自己的想法，请将内心的想法全部倾诉出来。不过请记住一点，你要时不时地静下心来问问自己：当我产生某个想法的时候，我都看到了什么、听到了什么呢？

想法并非现实。

我们都认为自己的想法可以反映现实，认为自己所想皆为真实。当每个人都认为自己是唯一正确的时候，矛盾就会被激化。

但事实上，我们的记忆力并没有那么好。试想一下，我们是不是偶尔会忘记自己昨天吃了什么，做了什么？在大多数情况下，我们只能顺着记忆的碎片去推测一二，这是因为人脑会忘记大部分信息。但是，即使我们忘记了一些事情，却还是会清楚地记得经历那件事情时的情绪和感觉。

因此，当我们想起讨厌的人时，其实并不能准确地回忆起讨厌他的具体缘由。"讨厌他有很多理由，虽然现在我都不记得了。"人们会逐渐忘记发生过的事实，却会记得对那人所持有的感觉。

我们的记忆时常会被扭曲。因此，请不要再把自己的想法都称为"现实"。你可以说"我记得事情应该是那样的"。从此刻起，当你描述所见所闻时，不要再称之为"现实"，请将其称为自己的"观察"。

努力看见我们能看到的所有东西，试图听见我们能听到的
所有声音，这就是观察。

观察是一种意志性的努力，是我们试图用客观的、不同的
眼光看待对象、行为、言语，以及头脑中的想法和感觉。

观察是保持头脑清醒的关键，也是沟通的关键。通过训
练，我们会逐渐明白自己内心的想法有多么令人痛苦不堪；
我们也会醒悟过来，用自己的标准去判断别人，是多么令
人厌恶。

1. "那个人好自私呀。"——自动思维
2. "我看见他没征求别人的意见就擅自关了窗户。"——观察
3. "所以我认为，他是个自私的人。"——认识到自动思维

区别在于，在 1 中我确信他是"自私的人"，而 2 和 3 则
明确了"我的自动思维判断他是自私的"。

观察是沟通最重要的起点，能帮助我们与他人交谈自如、气氛融洽。

如果自动思维是油，那么观察就是水。二者可以共存，却无法相融。

所以，沟通开始时能分清观察和自动思维就足够了。

情绪与感觉

如果我们说感觉是身体发出的自然信号，那么情绪就是一种认知信号。让我们一起来了解一下情绪与感觉吧。

感觉与情绪都是信号灯。

感觉是一种生理信号。人体能够敏锐地感知到外部刺激和内部变化。比如，在和喜欢的人见面之前，身体会发生什么样的变化呢？应该会心跳加速、脸颊绯红、身体微颤。

那情绪又是什么呢？情绪是我们为身体的感知"起的名字"。比如，我们给"心跳加速、脸颊绯红"这一感知，起了"兴奋""悸动"等一系列名字。

因此，感觉和情绪是一对密友，二者都能释放信号，告知我们此刻的心理状态，并告诉我们到底想要什么。接下来再了解得更深入一点吧！

我们从未理解情绪，只是按照情绪来选择行动。

1. 判断不同，情绪也会不同。

即使感觉相同，但因为我们对某个人"喜欢"还是"讨厌"的判断不同，情绪也会随之变得不同。比如，在见到喜欢的人和讨厌的人之前，我们的感觉可能是一样的——心跳加速、脸颊变红。

但即便如此，我们也不会说我们在见讨厌的人之前的情绪是"兴奋"和"悸动"，而应该是"恐惧"和"不自在"。

2. 诉求不同，情绪也会不同。

我们通常称想要的东西为"诉求"。诉求是否能够得到满足，也会影响我们的情绪。若被满足，我们会感到"幸福"，若不被满足，我们会感到"挫败"。

对于喜欢的人，我们的诉求可能是"爱情"，但对于不喜欢的人，我们大概只想秉持着一种"心平气和"的态度。

我们的情绪会随着我们的诉求被满足或没有被满足而发生变化。因此，若想认识我们自己的情绪，首先要知道自己想要什么，而不能一味随心所欲。

因此，情绪认知能力对于沟通有着重要意义。

情绪不应该被抑制，而应被接纳，并适当调节。

每个人的脾气秉性不同，面对刺激时与生俱来的"情绪易感性"也不同，因此不同的人面对同样的事情和刺激，会产生不同的反应。

但是，如果我们肯花时间加以练习，就完全可以控制自己的情绪。尝试换个角度思考，或是深呼吸并进行冥想，不要压抑自己的情绪，而要练习自然地接纳它。这个过程就是"情绪调节"。

虽说"情绪易感性"是人与生俱来的特性，不易改变。但通过一些策略和方法，我们还是可以调节自己的情绪。调节情绪的能力在很大程度上会受到儿时与长辈关系的影响，但这种能力在我们长大后也是可以被不断提高的。情绪调节的关键，不在于压抑，而在于接纳。

如果你即将迎来一场重要的演讲，你会感到自己心跳加速，并意识到自己此刻紧张而激动。此时，进行几次深呼吸，或是从容接纳自己紧张、激动的情绪，心情就会逐渐平静，紧张也会得到缓解。

所以关键在于，不要压抑自己的情绪，而是要认清并试着接纳它。

善于清楚剖析自己情绪的人，往往更善于控制自己的情绪，与他人交往时可以清晰地表明自己的立场，建立较为满意的人际关系。

建立关系的起点，是清楚地剖析自己的情绪。现在，请多做些关于感觉与情绪的练习吧。

在练习时，请把情绪看作事情"如我们所愿时"和"不如我们所愿时"产生的心理信号。

核心诉求与价值

核心诉求是我们沟通和行动的决定性力量。

人人都有需要或想要的东西，诉求就像宝石一样，闪闪发光，而此时此刻的诉求就是核心诉求。

人在做决定时，都有要遵守的价值准则，而此时此刻的诉求对决定而言也非常重要。若是此时此刻的诉求没有被满足，我们的内心会感到不适。

美国心理治疗学家威廉·格拉瑟认为，人生来就有基本诉求，而行为则是为了满足自身的诉求。做出能满足自身基本诉求的明智之举，是人们一生的目标。

因此，理解自身的诉求对于沟通而言是至关重要的。因为人们所说的话会表达出自身的核心诉求，人们的行为则是满足自身核心诉求的外在表现。

满足诉求的责任在于自身。

前面我们已经说过，情绪的底层蕴含着诉求。人人都有自己理想的状态，人在满足和不满时，会感受到不同的情绪。

由此可知，情绪根植于内心诉求，这也意味着，我们要对自己的诉求和情绪负责。

控制自身情绪的方法在于满足内心的诉求，同理，他人控制自身情绪的方法也在于满足他们内心的诉求。也就是说，人们所感受到的情绪，究其根本原因，都和自身的诉求有关。

请记住，这在后面要讨论的"愤怒"中也是非常重要的概念。

情绪和想法应该区分开来。

我们已经学过，情绪是表达内心诉求的信号。情绪与诉求的关系密不可分。但是长久以来，我们总是会混淆情绪和想法。因此我们有必要对二者进行区分。

我们需要分辨沟通时对他人的言行进行解读而产生的"想法"和内心的情绪。例如，当老师开始给学生上课时，有个孩子一直在用手机打游戏。

此时老师的情绪应该是不适的、担忧的、郁闷的。这是因为老师的诉求是"教好孩子，提高孩子的成绩"。情绪应该和诉求配对出现，但人们却常常把情绪与内心的想法两两相对，心想：这个学生不尊重我，我被无视了。

基于我们前面讲过的，此时老师觉得自己被无视，其实这只是一种自动思维。

当老师感到被无视时，心情可能是失落的。

"你是在无视老师吗？"在认识到自身的诉求并多加练习后，老师就不会脱口而出这样的话。因为相比这句，"你需要老师的辅导，能先把手机收起来吗？"会更容易让孩子接受。

因此，当我们感受到某种情绪时，我们必须挖掘出隐藏在情绪下宝石般的诉求，并使情绪远离自动思维。

诉求不会引发矛盾和争吵。

在我们清楚了自己的内心诉求后，自然会去寻找能满足诉求的方法。但是，当我们为了满足自身诉求而固守自己所认为"正确"的"偏好方式"时，矛盾就会发生。由于偏好方式与个人的核心信念密切相关，人们可能会因此固守自己行事的方式和方法。

人与人之间发生冲突并非因为诉求相左，而是因为人们固执地坚持使用某种方式来满足自身的诉求。

想要理解对方，就要意识到他人也像自己一样，会为了满足自身的诉求而竭尽全力，并坚定地相信，我们终究会找到让所有人共赢的方法。

诉求是宝石，沟通是寻宝游戏。

有时候，我们会担心向他人倾诉自己的诉求会给他人造成不便和负担，因此我们更加希望他人能主动发现并帮助我们实现诉求。

长此以往，我们将无法有效地感知他人的诉求，无法构建能无话不谈的亲密关系，甚至会逐渐漠视自己的诉求，很难认清自己究竟想要什么。

真正了解自身诉求的人，不但生活充满活力，而且清楚自己做某件事的意义和原因，也能够设身处地理解他人的言行。相反，那些在生活中找寻不到诉求宝石的人，总是板着一张脸，囿于必须要做的事情。

比起为什么想做，他们更在意应该做什么。

而在做必须要做的事情时，他们只能感受到责任和义务，而没有了喜悦。

善于感知对方的诉求，并能够将其很好地传达出来，有利于掌握和谐健康的沟通方式，构建亲密的人际关系。

我们到底想要什么呢？请怀着激动的心情去发现吧，就像
寻找丢失的宝石一样。

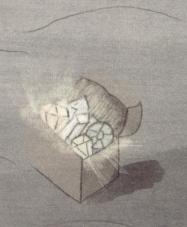

请求与强迫

你不说出来，别人就很难知道。

人为什么需要学会请求呢？（关于请求的沟通技巧，将在第四章中着重讲解。）

拥有健康自我的人，会把向他人请求帮助视为拉近人际关系的绝佳机会。但很多人明知自己需要帮助，却从不向对方表达，而是等着对方自己发现、主动前来帮忙。更有甚者，会埋怨他人没有发现自己的诉求，对其感到不满，甚至与其断绝关系。

不向对方开口的理由有很多：怕被拒绝、怕受伤害、怕自己看起来无能、怕欠人情、从小没有请求别人的习惯等。

回顾一下那些缄口不言、暗自期待的日子，你会发现，其实你丧失了与对方进一步沟通的机会，而且在多数情况下，对方也会因此而郁闷不已。

请务必记住，你不说，别人就无从知晓你的诉求。哪些是你想独立完成的、哪些是需要别人帮忙的、你想和对方共同完成什么、你想独立解决什么，这些都要告诉对方。这才能说明你真正把对方当成同伴和朋友，你真的尊重他。

请相信，大多数人都愿意尽其所能，回应你的请求。

请求和强迫的区别在于："心甘情愿"与"强人所难"。

人们为什么会强迫别人呢？这是因为他们具备一定的能力，且坚信"我是对的"，同时，他们也不知道该如何正确地提出请求。所以在这种情况下，他们就有可能利用自身的力量去强行改变别人。举个例子，当与子女发生冲突时，很多父母不会向孩子提出请求，而是会采用高压手段，强迫孩子按照自身的意愿做出改变。

强迫不仅不能更好地表达说话的人的诉求，还包含了不允许对方拒绝的意思。强迫他人者如果遭到拒绝，即使让对方感到羞耻、害怕或内疚，也一定要达成自己的目的。可以说，强迫中蕴含着一种激烈的、暴力的能量。相反，请求能表达出说话的人的诉求，这是一种对他人的拒绝表示包容的方式。即使自己的请求遭到拒绝，他们也能理解并接受。

接受被拒绝，其实可以说明提出请求的人具有良好的心理稳定性，并深度信任他人，而用强迫或暴力的方式要求他人满足自己诉求的人，则会经常感觉焦虑和愤怒，对他人也极度不信任。

这是二者的关键差异。

◦ 心甘情愿和强人所难，是用来区分请求和强迫的关键。

有时候，区分请求和强迫的关键并不是话术，而是关系。

如果是你讨厌的、但比你更位高权重的人向你提出诉求，你很容易把他的话当成难以拒绝的"强迫"。

相反，如果是你感激或喜欢的人对你表达诉求，你就会把他的话当成请求，并心甘情愿地去帮助他。

虽然嘴上说着是因为对方说话不好听才不愿帮忙，但这不过是因为你已经给他贴上了"讨厌"的标签而已。面对我们不喜欢的人，我们会找许多理由来拒绝他们的"请求"，无论他提什么，都会被我们认为是粗鲁的、轻率的和无礼的。但面对喜欢的人，我们会竭尽所能地帮助他，如果遇到自己力所不能及的事情，也会详细解释缘由，并帮助他一起寻找其他解决办法。

这是因为，在我们的基因里有一种与生俱来的愿景——期望通过互相帮助、共同努力来构建一个更和谐的社会。而曾经受伤害的经历，以及与讨厌的人之间的关系，都会阻碍这一美好愿景的实现。

与自己的内心对话

学会沟通，请先与自己的内心对话。

伊丽莎白·库伯勒·罗斯认为，人应该学会与内心的沉默共处，并认识到所发生的一切都有自己的原因。

想要学会沟通，首先要记得，我们不知何时会离开这个世界，我们的生活是难以预测的。这使得我们有必要暂时保持"沉默"，先与自己的内心对话。由此我们会逐渐养成自主控制自身言行的能力。

有时，无效的沟通就像噪声一样。不知道要表达什么，也不知道该如何倾听。明明说出了彼此的故事，却只能以疲惫的心情收场。

但是我们不知道，凝望彼此的温暖视线、落下的热泪、长叹的一口气、会心的微笑都是对话的一部分。最完美的沟通大都来源于深深的沉默。

学习沉默沟通的原因有以下两点：

其一，发自内心的沉默对话更加坦诚和安全。

其二，可以为之后的沟通留一些准备时间。

与自己内心对话的方法。

- 我看见了什么、听见了什么？——观察刺激
- 刚刚我内心的感受如何？——情绪信号
- 对我而言，什么是重要的？——探索核心诉求
- 我准备好说出自己的诉求了吗？——明确请求意愿

学会了与自己的内心对话后，言语沟通也会变得顺利起来。

- 当我做出判断时，看到了、听到了什么?
- 我做出了何种解读，我此刻的心情如何?
- 当埋怨别人时，我的诉求是什么?
- 我真正想说的、想做的是什么?

请先试着与自己的内心对话吧。

第三章

如何倾听与
自我保护

好的沟通不是自说自话，而是放下自己的一切想法，带
着好奇心去倾听对方的故事，观察并倾听对方表达的内
心需求。同时，我们也要学会自我保护，弄清楚自己能
控制什么和不能控制什么，是自我保护的起点。

共情式倾听

共情式倾听是指站在对方的立场上，体会对方的感受。

什么是共情式倾听？要点在于不要掺杂自己的解读，只试着去体会对方的心情。

共情式倾听的目的在于：帮助对方认识自己的自动思维，理解自身的情绪，并发现自己内心的诉求。

倾听是理解他人最佳的方式之一。

亲密和谐的人际关系，离不开真诚表达的人和擅长倾听的人。有时候，倾听比解决问题更重要。在倾听时，要让我们的内心短暂地完全接受对方的存在，要集中注意力在对方话里隐藏的情绪和诉求上。倾听不等同于认同，只是接纳并理解对方的想法、情绪和诉求，是一种积极参与的表现。

先暂时忘记那些习以为常的表达方式，静静地仔细观察对方、倾听对方的话，做好这一步后，很多问题就可以迎刃而解。

习惯性倾听不等于共情式倾听。

当我们倾听他人说话时，为了表示感同身受，通常需要做出某种反应或回应。但在大多数情况下，我们认为自己表现出共情的倾听方式其实只是一种习惯性反应。我们常见的习惯性反应包括：

随声附和、同情、阻止他人宣泄情绪、扭转他人想法、分析并提出建议、自说自话和打断他人说话等。

这些方式与"共情式倾听"不同，"共情式倾听"完全专注于对方的内心。尽管这些方式也不一定是错的，甚至在有些时候，分析和建议还是解决问题的关键，它们可能比共情更加重要。但是我们依然有必要区分共情式倾听和倾听后的习惯性反应。

那么，有什么秘诀可以帮助我们学习共情式倾听呢？

把对方当成未知的宇宙，抱有一颗好奇心。

暂且放下自己的想法，试着感同身受体会对方的心情。

感同身受是指想要理解他人的原本意图，对他人的故事葆有好奇心，并尝试着理解对方现在描述的状况。有些时候，怀揣好奇心、保持沉默去倾听对方说话是一件很难的事情。这是因为，比起放下自己的想法去认真倾听，我们一直以来更关注的是寻找问题症结，并找到解决办法。

要想学会共情式倾听，我们首先要秉持以下态度：

"我会保持安静，带着好奇心去倾听对方的故事，我会放下自己的一切想法，观察并倾听对方原本的表达。"

在我们要倾听他人讲话前，请先大声朗读上面的句子，这对共情式倾听非常有帮助。

共情式倾听的过程。

1. 在对方把话说完之前，请保持安静，注视着对方的眼睛，认真倾听。

2. 请简要概括并向对方确认，自己所听到的是否和对方原本想要表述的意思吻合。

3. 请推测对方当下的情绪和核心诉求，告诉对方并一起探究。

4. 请询问对方打算如何实现核心诉求，以及是否需要自己的帮助。

共情的成果是建立深厚的信任关系。

共情式倾听最大的好处就是可以帮助表达的人和倾听的人建立起更亲密的关系。在人与人之间的"关系存折"中，"好感"和"感谢"等资源日积月累，将为日后形成深厚的信任关系奠定基础。

另外，如果我们耐心地倾听，可以帮助对方了解该如何解决自己的问题，理解自己为何会产生某种想法，并觉察自己内心的情绪和诉求，从而形成更深刻的自我认知，这意味着恢复专注于自己内心想做之事的能力。

帮助他人的关键在于，即使我们什么都做不了，相信他依然具备解决问题的能力。所以请不要害怕感同身受，请毫不吝啬地献上你的善意。从你温暖的心意中，对方也能得到力量。

理解"难听"的话

理解是按照对方所想来翻译他的话。

有时候，我们很难对别人说的话感同身受，他人的话有时还会令我们感到不适。为什么会这样呢？

有时，当我们精力不济时，无论听什么都会感到厌倦，无法集中注意力。但是有时，即使我们想要好好倾听，却也无法做到，这是因为对方的话使我们感到不舒服。如：

- 令人恼火的话
- 令人歉疚的话
- 令人遗憾的话
- 令人悲伤的话
- 令人恐惧的话
- 令人不敢苟同的话
- 特定对象说的所有话
- 听起来特别令人讨厌的词汇、语气

"难听"的话指的是在我们尝试理解说话的人的意图时，阻碍我们产生同理心的所有表达。他为什么要对我说那么难听的话呢？

从小听着长辈的批评和指责长大的孩子，极有可能采取这样的方式来表达内心。即使他们想要用合适的方式来倾诉，也不知道该如何开口。

又或者，越是经常通过攻击和胁迫别人以达成目的的人，越不愿意改掉这个坏习惯。当他们想要保护自己或是捍卫自己的尊严时，就更容易说出刺激性的话、做出攻击性的行为。

小时候常被父母和老师批评的孩子，即使想要转变表达方式，也不知道具体该怎么做。

不惜伤害别人也要达成目的的人，在想要捍卫自身尊严时，往往会采取过激的言词展现攻击性，说出的话也会伤害到他人。因此请记住，对方对你说难听的话，并不是你的问题，也不是你的错。

因为无法说出"拜托"一词，所以才出口伤人。

试想一下，如果是我们珍视的家人、爱人或是集体中不可或缺的人说话很难听，并且我们很难无视他们的话，也不愿意与其发生争执。

在这种情况下，多练习并掌握充分理解他人原本意图的心态和方法，将其视为促进两人关系的机会，是一种非常重要的能力。

对方说出的难听的话，其实是请求的另一种形式。

当心情不好甚至痛苦不堪时，我们往往会选择出口伤人，但其实我们想要传达的却是真挚的请求。那么，让我们再听一次对方说的难听的话吧！

请求　　　　　　　难听的话

请打开心中的翻译机,将对方的话语翻译成他想要表达的样子。

无论对方说了什么,请集中注意力聆听他话语中隐藏的诉求和情绪。不要忘记,所谓倾听并不是要将注意力集中在我们自己的想法上,而是要集中在对方的意图上。

当我们听到伤人的话时,应该立刻意识到浮现在自己脑海中的自动思维,躲避干扰,去思考他的话究竟是请求还是感激,然后打开心中的翻译机,把对方的话语翻译成他原本想要表达的样子,再进一步推测对方说话的时候是什么心情,有什么诉求。

1. 觉察自动思维:攻击对方或批判自己的话。
2. 区分真相:是请求吗?是感谢吗?
3. 打开翻译机:把伤人的话转换为它原本的样子。
4. 理解对方意图:推测情绪和核心诉求。

打开翻译机倾听有什么好处？

这个过程其实很消耗心理能量，需要多花费一些心思，因此有些人只是想想就懒得做了。但是，若将对方过激的话翻译为"请求"，并转换成他原本想要表达的意思，对方的情绪就会平静下来，你们才可以展开顺利的沟通。

这个过程并不仅仅是为了理解对方，它既是守护珍贵的人际关系的秘诀，也可以保护自己不被对方的话伤害。

健全的自尊心不是依靠推翻后重建，而是需要好好守护。

解读恶意言语

如今，社交媒体上的沟通占据了生活的很大一部分。

与面对面交流不同，线上的"云"沟通多会催生疏远又淡薄的人际关系。人们通常会在没见过彼此、也不知道彼此姓名的情况下开始沟通。

但是仅通过文字交流，也很容易给他人造成伤害或受到他人的伤害。我们需要好好区分他人表达的意思与我们自身所想，不能想当然地用自身的想法去揣测他人的意图。当难以区分时，我们很容易变得崩溃、忧郁。

接下来，让我们深入探讨一下吧。

社交媒体交流有信息限制。

通常，我们在与人沟通时，可以通过以下信息来理解对方的意图：

1. 面部表情
2. 声音语调
3. 肢体语言
4. 语言内容
5. 对背景情况的理解

但是在社交媒体交流时，大多数情况下我们只能以"语言内容"进行对话。通过单一的信息方式来沟通，我们获得的信息越少，需要各自解释的内容就越多。

社交媒体是一种有用的工具，能把相隔千里的人们联系起来，同时可以建立起更多的"云"关系。但与此同时，由于信息限制，它也会阻碍我们准确地理解对方说话的意图。

社交媒体交流具有匿名性和攻击性。

在网络世界，由于社交媒体的匿名性，人人都可以轻易地隐藏自己，可以释放不受约束的"本我"。因此发生在社交媒体上的交流往往带有攻击性。

在匿名的网络世界里，被压抑的、具有煽动性的"本我"会戴上面具生活，优越感也会被扭曲、放大。

在社交媒体上，人们可以通过暴力的方式来突出自身的存在感，它不仅可以隐藏我们本来的样子，也可以塑造另一种截然不同的面貌和身份。

受伤害也很正常。

不要因为自己极易因他人的评价而摇摆不定或心烦意乱，就觉得自己愚蠢或软弱。我们生存的意义，不是为了获得某个人的认可。

有时候，我们可能会因为别人已经不记得的事情，独自黯然神伤很长一段时间。比如，因为一件父母已经忘记的小事，孩子可能会一辈子活在怨恨中。因为同事一句无心的玩笑，有的人可能会辞职离开公司。朋友之间的玩笑也可能成为绝交的理由。我们需要大方地承认，我们都是想得到他人认可的、柔软而脆弱的存在。

我们的心情会被恶评影响，会因为聊天软件上的恶意言语而终日难过不已，是因为这些话违背了我们想得到认可的诉求。那么，我们该如何缓解这种难过和痛苦的感觉呢？

两种应对恶评的明智之举。

1. 分清他人的表达和自己的解读

我们应该如何对待用言语伤害我们的人呢？

提出非暴力沟通理念的马歇尔·卢森堡博士认为，对方的攻击其实并非针对你，而是他将自己落空的诉求用消极的方式表达了出来。

因此，试图去理解恶意言语是没有意义的。这是因为，要理解一个长期用暴力方式交谈的人，不能只凭他发出来的几句评论，而是要了解他过往的生活轨迹。也就是说，快刀斩乱麻地将自己剥离出来，是应对恶意言语的明智之举。

他不是在针对我，他只是在表达自己的想法。

这里的重点是我们需要学习保护自己的方法，而不能把对方的想法与自己的画上等号。另外，弄清楚自己能控制什么和不能控制什么，是自我保护的起点。

2. 不要执着于想法，要抓住核心诉求

在受到伤害的瞬间，有的人会更专注于伤心的、难过的情绪，有的人则会更关注落空的、重要的诉求。

当我们遭受恶意言语的攻击时，重要的诉求可能包括：

- 与生俱来的尊严
- 维护自己与家族的名誉和权利
- 对自己所付出的努力的认可
- 人类所需的自由
- 想要维护的真相和正义

  ……

从反复咀嚼对方充满攻击性的话，到认识自身重要的核心诉求的过程，是一种强大的认知转变。

当人们批评他人时，一定是想要满足某种诉求。批评只是沟通过程中的一种手段，而并非最终目的。目的来源于诉求，所有行为的出现都由于内心存在诉求和欲望。

比起反击、无视和回避恶意言语，更加机智的方式是，当
对方开始责备我们时，我们要专注于自己的内心诉求。请
不断地告诉自己："我之所以会不开心，只是因为内心的诉
求没有得到满足。"

第四章

如何应对三种
沟通困境

当我们有求于人、想要发火或者感到抱歉时，应该如
何真挚地表达自己的心声呢？让我们一起来学习一下
有效的表达方式。

请求

请求是为了实现自身诉求而拜托他人帮忙。向他人提出请求时，最重要的是，在开口之前就要想清楚自己真正想要的是什么。

否则，一开口就很容易说些模棱两可的话，或是变成了在不经意间强迫他人。有时候，我们会暗自期待他人能够主动发现我们的诉求，结果却常常大失所望。你也有过很多次这样的经历吧？一定要记住，别人很难猜到并主动满足我们的诉求。

如果我们在表达时，能够专注于自己内心的真实意图，不说言不由衷的话来伤害别人，就能避免出口伤人。当我们如实地表达出藏在请求这一行为背后真实的诉求时，对方也能清楚地理解我们的意图。

请记住，要想避免不知所云的无效沟通，一开始请如实表达自己的内心诉求。

请求并不代表自己无能，而是给了他人一个伸出援手的机会。
每个人的内心都潜藏着凭自己的能力去帮助他人的欲望。

而且，请求也是一次绝佳的机会，用来展现自己不完美却很
真实的一面。因此，带上你的好奇心，就像在深海寻宝一般。
让我们一起通过请求来体验更深层次的人际关系吧！

请求时最重要的两点是认清核心诉求，以及为达成诉求要有灵活性。

1. 认清核心诉求

诉求是一种深层次的认知，即"为什么想要"。

清晨睁开眼，我们会习惯性地思考"今天要做什么"，但其实，我们更需要思考的是"今天想做什么"和"今天想选择什么"。通常，我们还没搞清楚自己的诉求，就开始苦恼要采取怎样的行动。其实，当我们弄清楚自己的诉求（为什么要做某事）之后，会更易于决定接下来是否要采取行动。

2. 为达成诉求要有灵活性

请求是满足自身诉求的方法之一。

比如，我在写一本关于沟通的书，我的诉求是跟大家分享有效的沟通方法。为了实现这个目标，我开始采取"写书"这一具体行动。为了写得更好，我会请编辑老师帮忙校对；为了更生动地表达我的意图，我会请插画老师帮忙绘制插图。甚至，假设我不会写作，我可能会为了满足自身诉求而接受培训，从而提高自己的写作能力。

发现并认清自身诉求会激发我们做某件事的动机和欲望。当我们想要做一件事，但心有余而力不足时，就会寻求他人的帮助。

归根结底，诉求才是我们向他人提出请求时最重要的理由，而我们请求他人帮忙，也是我们实现自身诉求的具体途径之一。

我们越清楚自身的核心诉求，就越能采取更有创造力的、更多样的方式来实现诉求。如果说强迫最大的特征是死板，那么请求最大的特征就是灵活。

即便他人拒绝了我们的请求，也会为我们满足自身诉求带来更多可能。为了能满足自己的诉求，我们会努力寻找更多的解决方法。而在实现自己目标的过程中要具有灵活性，以及多种可选择的方法，请求只是众多方法之一。

请求可以分为三类。

1. 便于确认的反馈式请求：

"为了明确这件事，麻烦重复一遍刚刚我说的内容。"

要求别人重复自己的诉求，是为了确认对方是否已经明确此刻我们所重视的事情，这是一种很有效的请求方式。虽说经常这样做会令人厌烦，但必要时能让对方更重视我们的诉求。

2. 便于理解的意见式请求：

"我想听听你的意见，可以和我说说吗？"

当我们想要理解他人的情绪、好奇他人的想法时，会请求他说出自己的意见。对方能从中感受到我们的关心，这种方式能有效减少冲突、建立和谐的人际关系。但是，这样询问对方之后，要用之前学过的"共情式倾听"来听对方说的话。

3. 便于明确下一步的行动式请求：

　　"请问下一步预计什么时候开始，计划如何实施，最终
　　效果如何？"

当我们需要他人帮助自己实现自身诉求时，有时会郑重而
具体地请求对方做出某种行动。由于这种方式毫不含糊、
直截了当，它会增加对方点头接受请求的可能性，也能够
让对方迅速获知下一步该做什么。

请求等于核心诉求加上请求事项。

1. 若想提高执行力

如果我们只阐明自己的诉求，却没说清楚具体的请求事项，可能会让对方感到困惑。对方会陷入不知道该如何帮助我们的尴尬中，甚至误将我们的请求当作强迫。因此在表述时，我们需要说清楚自己的请求事项。

若是我们在请求时，能够表达清楚自己具体需要对方做什么，对方才能更好地判断是否可以帮助我们、可行性有多高等。在这种情况下，一旦对方答应了我们，会更容易帮助我们满足诉求。

2. 若想让对方停止令自己不愉快的行为

当对方的行为令我们感觉不舒服时，比起对其行为大加指责，不如用更积极、更具体的表达方式提出请求。比如：

× "不要再吵了！"

√ "能稍微降低一点音量吗？"

告诉对方，我们现在的诉求是希望能集中精力做自己的事。

练习说出真正想要的。

一定要记住，当我们向他人提出请求时，目的在于满足自
己内心的诉求。所以，如果希望他人能心甘情愿地帮助我
们，记得在请求时明确地告诉对方应该如何帮助我们。

那如何能让对方愉快地答应我们的请求呢？这离不开尊重
和谦逊的态度。比如，你觉得有位同事比较消极，你想帮
他变得更好，那应该怎么告诉他呢？

○　聚焦于核心诉求，而不是手段或方式。

× "你应该大声一点说话。"

√ "请允许我帮助和指导你。"

○　采用具体的表达，而不是含糊其辞。

× "觉得累的话，可以随时来找我。"

√ "每周一、周三，我们可以一起吃午饭。"

○　使用积极的词汇，而不是负面的词汇。

× "真让人郁闷，你不要这么胆小。"

√ "开会时你可以说说自己的想法。"

- 考虑可行性，而不是只提些利己的要求。
- × "下周的专务会议全权由你负责。"
- √ "下周我们的会议，由你来主持吧。"

- 用疑问句结尾，留给他人拒绝的余地，而不是用命令的方式强迫他人做某事。
- × "那就这么办吧。"
- √ "你觉得可以吗？"

当然，如果我们和家人、朋友或其他组织成员按照此法沟通时，在被他人拒绝后，我们还是会感到伤心、难过，甚至想去指责或用言语中伤对方。此时，我们就会处于另一种状态，即生气、想发脾气的状态。

那么，我们下面来聊一聊"发火"吧。发火也可以看作请求过程中的一步。其实，发火是向他人提出了"我现在很生气，请理解一下吧"的请求。

让我们一起来学习下一节的内容吧！

发火

生气的心情是可以被理解的。

正如甜蜜的告白和美妙的音乐一般，坦率地吐露自己的内心是非常难能可贵的。那么，要如何真实地表达自己的内心呢？让我们一起来寻找合适的表达方式吧！

我们并不擅长控制自己的脾气，当感到生气时，我们会一边责怪自己愚蠢，一边埋怨他人。

而当我们把生气的原因归咎于他人时，就会期望对方表现出特定的言行，此时开展的对话就很容易充满强迫的意味。

为什么会这样呢？这是因为人在生气的情况下，往往更容易把怒火的产生原因归咎于他人或当前的情况，于是导致无法控制自己的情绪，只想赶紧解决眼下的问题。

试想一下，最近你发火时是不是也是这样想和做的？是不是经常埋怨他人（"都是他的错"）或者自责不已（"都是我不好"）呢？这种习惯性疏解内心不悦的方式，其实是对不愉快本身的回避。

当我们埋怨他人时，会感到愤怒，并采取行动反击；当我们暗自反省时，会感到委屈，甚至自我厌恶。我们认为怒火会造成自己和对方的不快，所以我们总是想避免生气，并且觉得发火是不好的、不应该的。

正确宣泄内心的怒火。

发火是人类自然的情绪表现。

当事情进展不如意或是内心诉求落空时，没有人是幸福、快乐的。在人生的旅途中，没有谁会是一帆风顺的。因此我们必然会经历内心的困苦。

每当这时，我们都想压抑、无视或是回避内心的怒火，但这种情绪却会在内心深处敲响警钟，提醒我们要倾听自己的内心，不要再坐视不理。因此，我们需要关注内心并将不快的情绪宣泄出来。

通常，人们对"情绪化"有以下两种解读：

- "他可真是一个感性的人呢！"
- "他可能不太擅长调节自己的情绪。"

感性的人，更容易理解自己和他人；不擅长调节情绪的人，只要慢慢学会认识和控制情绪就可以了。因此我们需要做的，不是压抑、无视或是回避情绪，而是要认真倾听内心的感受，并将其表达出来。

现在，不要再压制内心的怒火，让我们一起来学习一下发火时该如何表达吧！

产生不愉快情绪的原因是内心诉求无法得到满足。

其实，我们生气并不是因为他人。他人可以刺激我们的情绪，但不会成为我们情绪产生的原因。下面将对这一点展开详细说明。

当诉求没有被满足时，我们就会生气，但这并不是因为当前的状况或是他人造成的。

比如，有的父母会因为孩子顶嘴而生气，但希望孩子学会表达的父母却会对此抱有不同的看法。有的上司会因员工过于循规蹈矩而生气，但希望员工服从安排的上司却会因此觉得非常欣慰。有的老师会因为孩子没有做作业而大发雷霆，但想要帮助孩子改掉坏习惯的老师却会对此表示担忧，并希望探究原因。

我们的情绪归根结底只是一种信号，反映了"我在某个瞬间到底想要什么"，即"我的诉求是什么"。

因此，不能正确地认识自己的情绪，就很容易被感情左右，意气用事。在这种情况下，我们会对当前的状况和他人做出主观判断，并下意识地采取冲动的方式来宣泄情绪。因此，正确理解冲动，对我们解读、表达怒火是非常重要的。

当我们感到不愉快时，及时明确自己脑海中浮现的想法是脱离偏执思维、调节愤怒情绪的重要环节。怒火会引发暴力，它是内心的一种情绪，并不是他人让我们发怒，而是我们自己的内心中产生了这种情绪。

所以，当我们认识到应该对怒火负责的主体其实是我们自己时，有些问题就迎刃而解了。

认识怒火，学会正确发火的方式。

怒火是什么？

- ◦ 心愿落空的信号
- ◦ 把自身情绪不好的原因归咎于他人的信号
- ◦ 日后必定会对此刻言行后悔的信号
- ◦ 把矛盾转化为机会的信号

为了正确认识怒火，并进行高效沟通，识别自己下意识的言行，有意识地调节情绪是很重要的。如此，才能将双方的矛盾转化为恢复人际关系的机会。

控制怒火可以分为以下 7 个认知阶段：

1. 回想发火的瞬间。
   ◦ 朋友总是迟到

2. 当时有什么冲动的言行吗？
   ◦ 挂断电话直接回家

3. 回想一下当时涌现出的自动思维。
   ◦ 你不尊重我，我很生气
   ◦ 你理应按时赴约

- 总不能让我一直等你吧

- 真想立马和你绝交

4. 身体出现了什么反应?

- 头疼

- 血压升高

- 心跳加速

5. 当时的心情如何?

- 非常失落

- 久等后感到疲惫不堪

6. 请想想自己当时的核心诉求。

- 希望朋友守时

- 希望朋友尊重我的时间

7. 请想想如何才能实现自己当时的诉求。

- 请朋友针对屡屡迟到这件事给出一个合理的解释

- 告知朋友下次我可能也会迟到

- 以后和他见面时可以带一本书

- 在很疲惫或是心情不佳时不要相约见面

我们可以逐渐扩大沟通练习的范围，起初先和亲密的人练习这样的思考路径，然后是没有那么熟悉的人，再然后可以将范围扩大到不太合得来的人。

面对讨厌的人时，请将注意力集中在自己的诉求上。

有些人总是反复惹我们生气，我们将其视为"讨厌的人"，甚至是"敌人"，我们往往很难对他们的情绪感同身受。这是因为，对于讨厌的人和我们珍视、喜欢的人，我们内心怀揣的感情是不同的。

"他是个只顾自己的自私鬼！"试图与讨厌的人建立联系，实际上并不是为了对方，而是为了我们自己能够平心静气地面对，并让自己表现得体。因此，这对我们来说，绝对不是一件让自己吃亏的事情。

所以，在与讨厌的人对视、沟通前，请记住，发火前务必扪心自问：此刻对我来说，什么才是重要的？

记住这一点，我们就不会不受控地发火，相反，还能够有效地表达出自己的诉求。此时，我们才能更关注自己和他人的诉求，而不是把注意力都放在自己或他人的过错上。

请记住，彼此的诉求是不会发生冲突的，发生冲突的只是我们为满足各自的诉求所采取的手段罢了。

道歉

我们为什么要道歉?

饱含真心的道歉是重建亲密关系的过程。当我们对他人造成伤害，自己内心也痛苦不堪时，应该以负责任的态度为这件事的过程和结果道歉。在处理自己错误行为的同时，也要承认自己言辞不当。这是重建亲密关系的必经之路。

一句真挚的"对不起"，蕴含着温暖内心的强大力量。

这是因为，真挚的道歉能够使自己或他人从曾经受伤害的"那时，那件事"中脱离出来。

物理意义上的时间总会流逝，但我们都会深陷于曾经受过伤害的"那个时刻"不能自拔。

想想伤害过你的人吧。假设他此刻站在你面前，什么也没做，只是静静地站在你面前，没有再次伤害你，也没有对你说难听的话，你还会讨厌他吗？

即使你看到的是此时此刻的他，记忆却还停留在过去的经历中。记忆和感情停留的时间比想象的更长久。虽然时间在流逝，但受伤的人却可能永远沉湎于过去。一句无心之言，一个下意识的动作，都可能扰乱他人一度安宁的生活。曾经受到的伤害也可能会持续影响现在的工作与生活。为了让他人释怀，不再沉湎于过去，能拥有轻松、愉悦的生活，我们需要真挚地道歉。

感到抱歉时内心会有两种悲伤的情绪。

1. 自我合理化与辩解

对方期待我们的道歉，期待我们真心反省并做出改变，但我们却常常错过最佳时机。甚至有时候，我们还会加倍伤害对方。

"没办法，换成你也会这么做的""我有错，但你也有做得不对的地方""我也不愿意这样，你为什么总是要惹我生气呢？"这些话会让对方已经受伤的心变得更加痛苦。本意是想好好道歉，开口却变了味道。就像我们之前探讨过的，在某些状况下，我们总是无法表达自己的真实情绪。学不会好好道歉，是件多么令人伤心的事情啊！

2. 厌恶、憎恨自己

我们很难原谅自己给他人造成的伤害。"我怎么是这样的人呢?""我真是没救了!"当我们产生这样的想法时,就会开始厌恶自己,心情变得糟糕透顶。

在大多数时间里,我们都会深陷于自我反省和批评中无法自拔。对方期待着我们去安抚他们,而我们作为"始作俑者",却忙着自我厌恶,而忽视了他们的情绪。

对方因为我们不当的言行而饱受痛苦,期望得到一句真诚的道歉,但我们的心思却放在自己身上,一味地埋怨自己,却忘记了向对方说一句"对不起"。这不是一种好的解决办法,它只会使我们更加内疚。

自我批评其实是内心诉求的体现。

当我们感到抱歉时，会听到内心自我谴责的声音，请试试把听到的内容写下来。

- 我算是什么父亲？怎么能打孩子呢？
- 我真是禽兽不如。
- 我不配做父亲。

若有人这样批评我们，听到这些话的瞬间我们就会开启防御模式，并将自己的不当言行自我合理化。但如果是自我评价，我们就不会有这么大的反应，甚至可以坦然地记录下来。

在这种严厉又不留情面的自我批评声中，蕴含着我们想要满足他人诉求的愿望。

请挖掘出内心这种温暖的诉求，并传达给对方吧！
即使当下无法立即付诸行动，也不要再否认自己内心的声音了。

请学会原谅自己。

厌恶自己的人无法去关爱别人。对自己严苛的人也无法对他人温柔。所以我们需要对自己再温柔和宽容一些。

人类的一切言行，无论是否具有暴力性质，其实都是为了满足内心诉求。不管这种言行是对是错，我们都有必要认清自己内心想要得到满足的愿望和情绪，从而实现自我谅解。

自我谅解并不是自我合理化，而是在对自身不当言行感到后悔和难过之后，理解自己并与自己达成和解的过程。如果你已经原谅了自己，现在就快去向对方坦露心声吧！

注视他人是道歉的第一步。

我们应该怎么道歉呢？

1. 把让我们感到后悔的言行用观察的方式描述出来。

◦ 昨天吃饭的时候，我对你说了"真不像话"，我感到很后悔。

2. 我的言行对他人造成了什么影响？

◦ 你应该很希望我能理解你当时的立场和心情吧？我其实也很想要做到更尊重你，但是对不起，我没做到。

3. 坦露自己的内心和情绪。

◦ 每当想起那件事，我都感到抱歉、后悔和内疚。

4. 表达出自己想要改正的决心，或询问他人的诉求。

◦ 我不会再下意识地说这种话了，以后我们聊天的时候我会认真听你说话，不再随便评价你。对不起，原谅我好吗？

勇气不是从别人那里借来的。

道歉需要勇气，需要我们大方承认自己的缺点和过失。因此在很多场合，即使我们心里感到抱歉，却说不出口，甚至会在心里这样想：

○ 下次改了就行了。
○ 非要说出来吗？他应该明白我的心意。

不，道歉一定要说出来。因为这是对方正在等待的回应。

我们也会想听到他人的道歉。很多孩子由于没有听到父母的道歉而伤心难过，还有人因为没有等到道歉而辞职。

人都会犯错，我们需要做的是改正错误并从中汲取经验和教训，而改正错误需要鼓起勇气，不逃避问题。这份勇气不是从他人那里借来、用完再还回去的东西，它源于我们的内心。

请闭上眼睛，想想你所珍视的人，再想想曾经被你伤害过的人。当你真诚地道歉后，对方才能得到治愈，变得释然。

不需要厌恶自己也能勇敢地表达歉意，请努力做出改变，因为人都是在错误中不断成长的。

第五章

◇◇

如何解决沟通中的
矛盾

沟通的目的在于建立和谐的人际关系，当他人拒绝我
们的请求时，我们该如何接受？我们又该如何拒绝他
人的请求？在这一章中，我们将学习如何化解沟通中
的矛盾，学会欣赏他人以及得到帮助时致谢的方法。

◇◇

理解拒绝

拒绝是双方交换真心的机会。

人们都不喜欢拒绝或被拒绝。虽然每个人的性格不同，但很多人都觉得拒绝是最困难的事情。

然而，在那些善于处理拒绝这件事的人中，谎言确实会少很多。因为他们知道，就算直率地拒绝，也不会被对方指责。拒绝，反而成为双方真心交流的机会。

当然，我们不能说拒绝很容易，事实上我们并非因为拒绝本身，而是因为内心对待拒绝的态度有误，才会错失找到更好的解决方法的机会。因此，我们有必要学会正确理解拒绝，并且找到更加妥善的解决方法。

正确看待拒绝，会过得更好。

父母和孩子，老师和学生，以及同事之间，只有能够自由地拒绝，关系才会更加持久和稳定。

人们常常认为，不会拒绝的人很善良，但其实，回想一下那些没有拒绝的时刻，是不是总是充满不满和不悦？

当我们答应别人的要求，把自己的诉求抛诸脑后时，往往会没办法做自己原本要做或想做的事情，然后后悔答应别人，或是暗自埋怨别人无理的要求。

在该拒绝的时候没有拒绝，会减少原本在更重要的事情上应花费的时间和精力，并不由自主地埋怨或厌恶提出请求的人。长此以往，也不利于形成健康和谐的人际关系。

拒绝并不意味着无视对方，而是要告诉对方，我现在有更加重要的事情要做。虽然拒绝了对方提出的请求，但同时也表达了想和对方继续交往的愿望。

让我们一起来学习如何拒绝吧！

拒绝他人

即使选择拒绝，也要充分理解对方的诉求。

1. 拒绝前，请无条件地理解对方的核心诉求。

"你说的这件事很重要，我非常理解。"

- 请静静地倾听对方的请求。
- 请找出对方话语中深藏的核心诉求，并无条件地表示理解。
- 请尽量不要对对方的请求妄加评论。

他人向我们提出请求时，可能只是想拜托我们做某件事，但我们并不知道自己为什么要去做。

他人的请求，其实是满足其自身诉求的一种方式。提请求的人可能没能清楚地认识到自身的核心诉求，只是急着向他人提出某种请求。

在拒绝他人的请求时，应先帮对方认清自身的诉求，这样对方才能够以一种开放、包容的心态接受我们的拒绝和建议。

- 行为："请你拔掉充电器放进抽屉里。"
- 诉求："对我来说重要的是保持房间整洁有序。"

请你记住，他人的行为，都源于其内心的诉求。

2. 为了让对方理解我的诉求，需要好好解释。

"我也有像你这样重要的事情，让我来讲讲吧。"

◦ 不要指责或评价他人，请专注于表达自己的核心诉求。
◦ 请告诉对方，你也同他一样有自己的诉求。

比起直接说"不要"，解释清楚自己拒绝的原因，表达清楚自己的诉求更容易获得对方的理解。因为这既是我们有意识地去维护关系而做出的努力，也是努力找到双方诉求的方式。

比起直接拒绝，"我拒绝是因为此刻我也有很重要的事情要做"的含义能够更加明确地说明，我们不是在拒绝对方，而是因为自身的诉求，无法答应对方的请求。

3. 有协调方案时，可以这样说：

"我有一个达成共识的方法。"

○ 尊重双方的诉求。
○ 寻找能满足双方诉求的办法。

如果对方能够理解我们拒绝的原因，并能清楚地识别我们的诉求，那么我们和对方就可以一起思考一个一举两得的解决方法。无论是什么方法，只要自己的诉求可以得到满足，双方就可以敞开心扉，不会纠结于实施的具体途径。

接下来，我们只要找到能够满足双方诉求的、达成共识的方法就好了。

"你给手机充电的时候，能不能帮我给刮胡刀也充充电？因为我总是忘记。如果你能帮我充电，我会把它们都收拾好放回原本的位置。"这样一来，既能维持房间的整洁有序，又能保证高效舒适地生活。

我们提出的建议，并不总是能获得他人的赞同。但是，只要表达清楚双方的诉求，就不会再为了谁是谁非而争论不休。

只要我们不忽视彼此的需求，就可以用更充足的精力去寻找达成共识、两全其美的办法。

4. 找不到达成共识的办法时，应如何表达？

当我们想要帮助对方，但无法立马帮忙时可以这么说：

"我会协助你的，但你能不能先帮我解决这个问题？""我想要帮你，但我想知道怎么做才能两全其美，如果你想到了好办法请告诉我，我也会竭尽全力地帮助你的。"

人类的智慧是无穷的。虽然有时我们会各抒己见、争论不休，但当我们真正理解了双方的诉求，就能够发挥自己的想象力，借助自己的经验，想到更好的解决方法。

这是因为我们具有一种"超能力"，总是可以怀揣着一颗好奇心去发现问题，并努力找到问题的解决方法。

5. 当被"道德绑架"时，请直接拒绝。

"这一次我无法帮助你，祝你好运。"

有的人为达目的，哪怕让他人感到自责、内疚、羞耻也在所不惜。虽然有时候我们会同情对方，但此时若是接受他的请求，对双方都没有好处。

如果我们身边总是有这样试图"绑架"我们的人，且一直向我们提出某种请求，请试想一下他是不是我们人生中重要的、珍视的人，如果不是，就应该果断拒绝他的请求。可以试试以下两种方法表示拒绝。

1. 果断说"不"：

- 明确表示无法答应对方的请求。
- 当对方喋喋不休时，可以打断他。

2. 明确表示自己的诉求：

- 不要指责或是评价他人，只是表述自己的核心诉求。

我们可以说："我帮不了你。我很清楚自己的能力，只能祝你顺利解决。"

让我们总结一下说拒绝的方式：

1. 表示自己理解对方的诉求。

2. 帮助对方理解我自己的诉求。

3. 向对方提出其他的解决办法：

    ○ 请对方也思考达成共识、两全其美的解决方法。

    ○ 理解并探讨双方的诉求。

    ○ 请求对方在寻找解决方法的同时也要考虑我的诉求。

在拒绝之前，有必要确认以下几点：

1. 提出请求者的核心诉求是什么？我已经彻底理解这件事的紧迫
   性了吗？

2. 我想要拒绝是出于什么核心诉求？我有勇气说出来吗？

3. 在拒绝对方时，我有没有思考过其他可以满足诉求的办法呢？

4. 我和对方是否一起讨论过达成共识、两全其美的解决方法？

面对被拒绝

1. 区分人和事

"对方拒绝的是我提出的这件事，而不是我。"

人们既不擅长拒绝，也不喜欢被别人拒绝。当被拒绝时，人们会想："他不重视我。在他心里，我一点都不重要。"

许多父母、老师和领导，都不喜欢听到孩子、学生或下属拒绝自己，他们甚至会觉得自己的权威和尊严受到了挑战。

对拒绝过于敏感的现象，在心理学中被称为"拒绝敏感性"。对拒绝过于敏感的人会把拒绝当成一种威胁，并把自己当成被拒绝的主体。当被拒绝时，他们会感到恼火、意志消沉，并决定不再联系对方，忧郁、不安和愤怒等负面情绪也会接踵而来。

为了更好地接受他人的拒绝，我们首先要明白，被拒绝的主体只是我们所请求的事。

如果能分清人和事，就能在不伤害双方的前提下寻找达成共识、两全其美的解决方法。只有想明白对方拒绝的是我们请求的某件事，我们才有心情去思考其他的解决方法，才能维持更好的人际关系。

拒绝为我们提供了一个更好地理解彼此诉求的机会。

2. 请说出对方的核心诉求

请你记住，对方心里也有非常重要的核心诉求。

他为什么会拒绝我呢？不是不重视我，而是此时此刻他一定有更加重要的事情要做。

这样想，既能保护自己，也能和对方维持和谐的关系。要知道，对方拒绝的并非"我"本身，而是我为了满足自身诉求而提出的请求事项。

如果我们能够在尊重对方诉求的基础上理解他拒绝的言辞，那就可以进一步拉近彼此的关系。当对方感觉到自己的诉求被人理解，即使现在拒绝了我们，以后也总有一天会有所回应，甚至可能会来帮助我们。当我们想清楚自己与对方关系的意义时，就不会再执着于让对方当场答应自己的请求了。

虽然就算我们能理解对方的诉求，他也不一定会改变心意答应我们的请求。但可以确定的是，虽然他当时拒绝了我们，内心却对我们的理解心怀感激。

人际关系并不是只维持一两天，珍贵的、重要的人际关系需要我们用真心长久地去维护。我们在拒绝他人的时候都会感到不适，因此若是有人能理解我们拒绝的苦衷，该是多么令人感激啊，这也是人们对彼此关系重视的体现。

让我们来整理一下拒绝的过程吧。

1. 请求时要先阐述清楚自己的核心诉求。

○ "我希望咱们一家人能多多沟通，变得更亲密。以后每周花1～2小时开个家庭会议怎么样？"

2. 请尝试理解拒绝我们的人的核心诉求。

○ "1～2小时？我可能抽不出这么长的时间。"
○ 他想要更自由地支配自己的时间，效率确实也很重要。

3. 请对对方的核心诉求表示认同。

○ "如果你想更自由地支配自己的时间，那我们来找一个更高效的办法吧！"

"他有更重要的事情""他拒绝我是有苦衷的"像这样想，即使遭到拒绝，我们也能立即理解对方此刻的诉求，有利于维护和谐的人际关系。

再总结一下，拒绝并不意味着他人不重视我们，只是因为他当下还有更重要的事情要做。

你想要什么样的关系?

当我们比对方强势时，很容易利用自己的权力使对方屈服，但这样的方式一定会付出代价。比如，对方可能会讨厌我们、会采取以牙还牙的措施、会断绝和我们的情谊、会变得不开心……

因此，通常来说，强迫只能带来指责和惩罚，而理解却能带来合作和双赢。

当矛盾发生时，我的诉求与他人的诉求之间的关系：

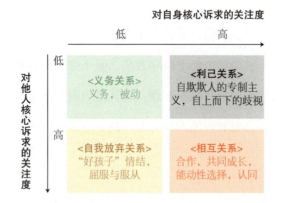

1. 义务关系

义务关系指的是我们在被强迫时与他人形成的关系。在义务关系中，我们不再关心对方的意图，也不在乎自己的想法，只想履行最基本的义务。我们不关心问题是否真的得到了解决，在这种关系中，我们永远感受不到真正的满足。

这是因为，这种关系里的一切都成了理所应当，这样的生活既不愉悦，也缺乏主动选择的快乐。

2. 利己关系

利己是指只在乎自己的诉求是否被满足。为了达成自己的目的，不惜采用一切手段和方法，毫不关心对方有什么诉求。对他人的事情毫不在意，尤其是当对方不是自己所珍视的人时，更有可能无视对方，甚至觉得过河拆桥也没有关系。

如果我们认可这一点，世界就会回到权力的支配下，所有人都会为了得到权力而不择手段。

3. 自我放弃关系

自我放弃指的是不知道自己想要什么，一味地满足他人的诉求。由于自我轻视和以他人为中心，自我放弃者在未被人强迫的情况下，会因过度关注他人的诉求而主动放弃自己想要的东西。若对方刚好是追求"利己"的人，那自我放弃者很可能会丧失自己生活的主动权和选择权。过度善良的人往往会忽视自己内心的诉求和需要。

4. 相互关系

相互关系指的是，在发生矛盾时，双方重视彼此的诉求，并能寻找达成共识、两全其美的解决方法的关系。

在成长过程中，不只在乎结果，也重视过程的人，不会一味地纠结于事情发展的最终走向，而会花更多精力在解决矛盾上。我们建立人际关系的目的是让双方彼此关怀，共同成长。虽说我们很难一直秉持着这种信念去生活，但重视这种价值的人往往能做出更加合理的决策。

调解矛盾

调解是指为了建立相互关系而帮助他人的行为。

有时候，争吵不休的两人是很尴尬的。此时，我们不应偏向任何一方，而要帮助他们解决问题。

父母在面对孩子、老师在面对学生时，往往需要扮演调解员的角色，而在职场中，我们也期待有良好领导力的人扮演好这一角色。

对我们来说，选择偏帮一方是很简单的，因为我们在听双方表述时，很容易从中选择一方予以支持，而保持中立解决问题却很难。但是，一旦在情感上偏向其中一方，相互尊重的关系、解决问题的能力就会变弱。

仅凭共情，是无法妥善解决问题的。试想一下，世界上那么多战争和暴力事件，并没有因为共情和理解而得到解决。因此，我们要学会保持中立，协助他人解决问题。

分别体会怒火冲天的两人各自的情绪和诉求，并以两人都能接受的方式帮助他们解决问题才是调解。

调解是沟通的关键环节，想让调解之花绚烂绽放，必须先充分练习前面学过的沟通方式。调解者必须有主见，并能够从矛盾双方的相互指责和混乱的想法中，敏锐地捕捉双方的诉求和情绪。

调解也是有技巧的。

1. 请在双方的相互指责中找出蕴含的情绪和诉求。

我们总是喜欢追究某件事是谁的责任、是谁的问题，因此当我们处于矛盾爆发的两人之间时，往往习惯性地扮演审判者。

一个人说："他也有不对的地方。"另一个人说："明明是他做错了。"双方各执一词，都认为自己没有错，然后就陷入了矛盾的僵局。这种情况下，争论谁是谁非是没有意义的，反而可能会把双方引向敌对。

若你想要帮助两人化解矛盾，请记住：不要去问"是谁先这样做的""为什么这样"，而是要问"你的心情如何""你想要什么"。

- 一定要给双方同等的陈述机会。
- 当一方在表述时，要好好倾听。

我们可以为双方设定表述的时间。在听他们讲话时，一定要将注意力放在说话的人的情绪和诉求上。即使他们是在埋怨、辩解，也要努力挖掘说话的人言辞中蕴含的情绪与诉求。

"您说是因为他才大吵大闹乱摔东西的，那您现在的心情一定很郁闷吧？您希望别人能够理解您，对吧？"

发生矛盾的两人互相埋怨，其实是内心诉求没有被满足的一种外在表现。请好好听一下他们内心的诉求。专注于诉求，而非埋怨的话语，这样一来，双方的心情才能有所改善。

2. 请引导双方按照听到的内容，重复对方的情绪和诉求。

想要帮助二人解决矛盾，调解员最好不要提出自己的建议或是教育二人，更重要的是引导当事人如实地反映出自己听到的对方的诉求和情绪，引导他们理解彼此的心情。

- 调解员可以用以下方式和当事人A沟通。

  调解员："B 现在很郁闷，很伤心，他很希望得到您的理解。您能重复一下我说的话吗？"

  A："B 现在很郁闷，很伤心，非常希望得到我的理解。"

  调解员："B，A 说得对吗？"

  B："没错。"

- 调解员可以用以下方式和当事人B沟通。

  调解员："A 现在很难过，心情很复杂。他希望能够和平解决当前的状况。您能重复一下我说的话吗？"

  B："A 现在很难过，心情很复杂。他希望能够和平解决当前的状况。"

  调解员："A，B 说得对吗？"

  A："是的，没错。"

- 调解员可以用以下方式和当事人A、B沟通。

  调解员："感谢两位能重复我所说的话，这也是你们双方的情绪和诉求。现在抛开具体的言行，你们能理解彼此的心情和所需了吗？"

调解员需要记住以下三点：

1. 无论在什么情况下，调解员都不应该只关注双方的言词内容，而要将注意力放在双方的情绪与诉求上。
2. 请双方轮流复述自己刚刚听到的内容（情感和诉求）。
3. 对于他人的配合，请表示感谢。

3. 为了满足双方的诉求，需要相互有所作为。

当人们的诉求、需要得到满足时，就不会再出现防御性、攻击性的行为了，也会更加在意对方的诉求。

请记住，用前两种方法来引导双方停止互相指责，基于彼此的诉求寻找解决问题的方法，就是通过"调解"的方式创造性地解决问题的过程。

"再重复一下二位的诉求。B 希望得到理解，A 想要和平解决问题，那么应该用什么方法来帮助二位解决问题呢？"

"A 能别走开就好了，希望他能听我把话说完。""我希望 B 不要乱摔东西、大喊大叫，这样我会很害怕。"

- 调解员需要确认，双方提的建议有多高的可行性。
- 只要有一方不满意，就需要重新协调。
- 重复双方诉求和解决方案的一些建议，直至找到达成共识之法。
- 调解员的目的是满足双方诉求，塑造和谐融洽的关系。
- 不要急于解决问题。

194

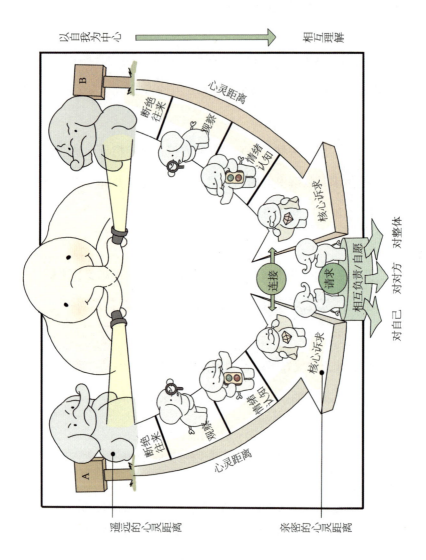

让我们一起来整理一下调解的方法吧。

我们无法避免矛盾，但可以熟练掌握处理矛盾的技巧，并尽可能地满足双方诉求，解决问题。但是，当双方的利益和主张相冲突时，问题会很难解决。很多时候会以一方牺牲自己的利益或是调解失败收场。

虽然这种情况很难避免，但在大多数情况下，我们还是能找到更加平和的方法来使双方都满意。调解可以使渐行渐远的两颗心变得亲近，帮助矛盾双方达成和解。

调解员需要在矛盾双方以自我为中心的埋怨声和尖锐的指责声中，找出各自的诉求，问题才能妥善得到解决。

表达谢意

我们都拥有给他人带来幸福的超能力。

当他人的努力和奉献使我们的生活变得更加幸福美满时，我们需要心怀感激。

仔细想想，我们的生活离不开他人的努力和奉献。小时候，我们离不开父母的保护；上学时，我们离不开老师和同学的关爱；长大成人后，环顾四周，也能发现有许多人在帮助我们。但我们却时常会忽视生活中值得感激的事情，甚至有时会觉得没有一件事情值得我们道谢。虽说当我们疲惫、痛苦不堪时，当我们受欺负时，当我们被要求做出牺牲时，由于被痛苦吞噬，我们可能会一时之间很难萌生出感激之情。但在没有痛苦的日常生活中，为何也有人难以对他人表达谢意呢？

我认为，这是"认为所有事都理所应当"的自动思维在作祟。因此，比起发现不足和缺陷，更重要的是，我们要改变对待生活的态度——要发现身边的美好。

清楚诉求和欲望的差异，才能学会表达感激。

人人都渴望被爱，回想一下感受到被爱的时刻吧！孩子看着我时明媚的笑脸；爸爸握着我冰凉的手，帮我把衣领竖起来；爱人跑向病中的我；奶奶做的美味饭菜；火车发车时朋友挥别的手……

即使这些瞬间可能没有引起你生理上剧烈的反应，却在你内心柔软的角落留下了深刻的记忆。

物质是满足我们诉求的方法，却不是唯一的方法。相反，金钱和物质是催生欲望的源泉。诉求是每个人的基本需要，而欲望则是诉求加上贪婪，是无穷无尽的索取。欲望没有得到满足的时候，人们会一直觉得不够，而诉求则有感到满足的时刻。我不是说不需要物质财富，而是想说，即使物质匮乏，也不能放弃自己的诉求。不要因为没有钱，就放弃自己所珍视的事物。因为即使没有物质财富，我们生活中的诉求也可以被满足。被爱的瞬间就是佐证。

请大家想想爱我们的人吧。请面带微笑，向他们说一声"谢谢"。

自我认可的能力是感谢的力量源泉。

"得到认可"这一诉求，在我们人生中占据了重要的位置，但有时也会让我们疲惫不堪。我们为什么总是急于寻求他人和外界的认可呢？自己都不认可自己，又凭什么要求他人和外界认可这样的自己呢？

无论何时，认可都应该是从自身开始的。我们需要先认可并热爱自己。如果你过去一直沉湎于自己的缺点和弱点，现在不妨学着认可自己小小的努力、进步和成果。别人认不认可并不重要，我们需要自己找到自我认可的样子。善于自我认可的人，也会给他人传递认可自己的信号。要记住，认可并不只是来源于外部（外界和他人），从自己内心产生的认可才是最坚不可摧的。

你可以告诉自己"做得好""已经很不错了""要记住你付出的努力""整个过程也是一种学习和积累""不是因为运气好，是因为你足够努力才获得成功的""我真的很不错，并且始终如一"。

感谢源于观察，并通过表达相连。

夸赞别人其实很容易，我们甚至可以夸赞我们并不喜欢的人。虽然饱含真心的夸赞可以给对方带来很大的力量，但是夸赞常用于纵向的关系（如上下级关系）中，因此很难跳出评价的层面，甚至时常带有操纵别人行动的意图。因此，比起模棱两可的夸赞，我们要观察对方具体的言行，并练习向对方用描述言行的方式表达感谢。

- 请尝试用所见所闻描述想要感激对方的事。

  "我晚归的那天，你给我做了大酱汤和煎蛋，并对我说'很累吧? 吃了饭之后快去休息吧'。"

- 请清楚地描述对方是如何满足我们的诉求的。

  "那天我真的很需要安慰，连吃饭都没时间，只能饿着肚子回到家，多亏了你，帮我准备了饭菜。真的很感谢你，我觉得非常温暖。"

○ 请向对方说明这件事的意义。

"我也想在你疲惫的时候这样照顾你，我觉得这样的相互关怀真的很重要。"

○ 请询问对方听了自己的话后是什么心情。

"这是我的心里话，你是怎样想的呢？"

有时候，表达谢意令人恐慌且尴尬。

我参与过很多人的对话训练。一起哭，一起笑，学生们都泪洒当场。他们有的因为想起去世的父母而流下悔恨的泪水，有的因为想起辛苦奔波的父母而流下愧疚的泪水，有的因为想起没能好好照顾的孩子而流下自责的泪水，有的因为想起曾经的错误而感到心痛，有的因为把值得感激的事情视为理所应当，只是一味地宣泄不满而感到后悔不已。但当我要求他们收敛情绪，写下对家人感激的话并读出来时，他们却尴尬一笑，似乎难以启齿。

这种时候，请战胜内心的尴尬，以清晰的自我认知为基础，尝试对他人表达谢意。不要再和爱的人留下日后会后悔的记忆，多向身边人表达爱，更加幸福地生活。这就是我们学习沟通的价值所在。

连接的楼梯

第一阶段：无意识·无技巧

人生下来过了周岁，就会开始行走。此时的孩子并不知道
为什么要系鞋带，一给他穿上鞋，他就会下意识地往前
走，没有系鞋带的意识，也没有掌握系鞋带这一技巧。

第二阶段：有意识·无技巧

孩子稍微长大一些，就能够自如地走路了。当因鞋带没有
系好而被绊倒后，孩子就会意识到"啊，原来需要把鞋带
系上"。此时，孩子已经知道了系鞋带的理由，却仍然没
能掌握这一技巧。

第三阶段：有意识·有技巧

孩子出门时知道要系鞋带，并且通过观察和学习，以及多次试错，最终掌握了系鞋带的方法。

第四阶段：无意识·有技巧

在这一阶段，不用特意去思考，孩子也能下意识地、熟练地把鞋带系好。

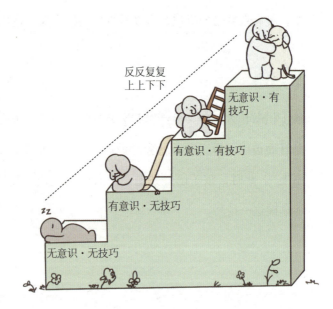

沟通与系鞋带有异曲同工之妙，却也不尽相同。只要学会了系鞋带，就不会再失去这项能力。但是沟通的能力却可能在一瞬间失效。正如爬楼梯锻炼腿部肌肉一样，沟通的本领也是在不断的成功与失败中练就的。

你现在处于台阶的哪一层呢？想去往哪一层呢？在阶梯的下面并不代表失败，而爬上去也不意味着永远成功。心灵的坚定和能力的提升才是最大的成功。希望大家都不要半途而废，一起携手前进。